En casa

Cuentos de Aprendo Leyendo

En casa

A la playa

En la escuela

A la ciudad

El bosque olvidado

AUTORES: Magdalena Zavalía con Phyllis Bertin
ILUSTRADORA: Dolores Avendaño
DISEÑADORAS: Sarah Fey con Agustina Fiala
DIRECTORA CREATIVA: Elizabeth McGoldrick
EDITORA: Sol Dellepiane
ISBN 978-0-9990036-6-4
PUBLICADO POR: Intelexia LLC
IMPRESIÓN: Octubre 2023
EDICIÓN: Octubre 2023
EM 3

Intelexia

Personajes principales de En casa

Nana

Papá

Mamá

Maca

Pepe

··· Maca ···

Cata es la gata.

Cata es la gata de Maca.

Cata no es del nene.

La gata no es de Mamá.

Cata es de Maca.

Maca le da pan a la gata.

Maca ama a Cata.

La gata ama a Maca.

Maca se mete en la casa.

Maca mete a la gata en la casa.

La casa es de Maca.

Cata ama la casa de Maca.

Mamá le da el té a Maca.

Mamá le da pan a Cata.

Mamá te ama, Cata.

Mamá te ama, Maca.

Maca saca la lana.

Maca le pasa la lana a Cata.

Cata le pasa la lana a Maca.

Maca le da la cama a Cata.

La cama de Cata es de lana.

La cama es de la gata.

La gata se mete en la cama.

La gata se tapa de lana.

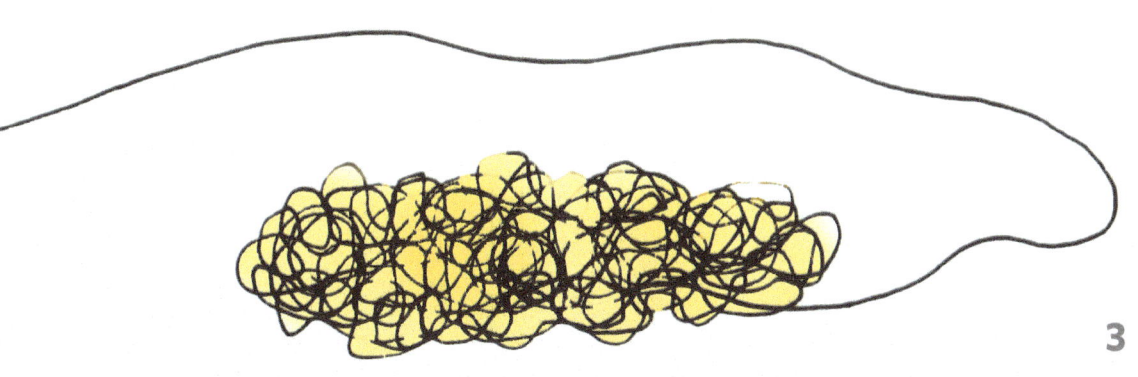

Maca es maga.

Maca se ata la capa de maga.

La capa de maga es de gala.

Maca saca la cala de la capa.

Maca, la maga, le da la cala a la gata.

Maca ama a la gata.

Cata ama a Maca.

··· Pepe ···

El nene es Pepe.

Pepe es el nene de Mamá.

Pepe es el nene de Papá.

Pepe ama el lago.

Pepe se mete en el lago.

Pepe nada.

Papá se mete en el lago.

Papá nada en el lago.

Papá nada más.

—¡No pasa nada, Pepe!

Maca se mete en el lago.

Maca nada.

Pepe se mete en el lago.

Pepe nada.

La pata mete el ala en el lago.

La pata se mete en el lago.

La pata nada.

¡La pata nada más!

La pata es del lago.

Pepe se mete en el lago.

Pepe nada.

Pepe ama el lago.

Cata mete la pata en el lago.

La gata no se mete.

¡Cata le teme al lago!

—¡No pasa nada, Cata!

Cata no es del lago.

Cata es de la casa.

··· En la sala ···

En casa, Papá sala la masa de pan.

Pepe no ama la sal en la masa.

Él le saca la masa a Papá.

—¡Pepe, la masa!

Pepe sale de la casa.

Él le da la masa al can.

Nana saca más masa de pan.

Ella no sala la masa.

Pepe se mete en la casa.

Él ama el pan de Nana.

A Pepe le da sed.

Mamá saca el té a la mesa.

Ella le da el té a Pepe.

Mamá le da a Pepe el pan de Nana.

Nana no sala la masa de pan.

Pepe ama el pan de ella.

Él mete el pan en el té.

Pepe ama el pan en el té.

El mapa es de la sala.

La sala es de la casa.

El mapa es de Maca.

Maca le da el mapa a Papá.

Él ama el mapa de Maca.

Papá le da el mapa a Mamá.

Ella ama el mapa de Maca.

la sala

mesa

tapete

Pepe ama el mapa de la sala.
Él le saca el mapa a Mamá.

—¡No, Pepe!
Ese mapa es de Maca.

Pepe le da el mapa a Maca.
El mapa de la sala es de ella.

—¡No pasa nada, Maca!

··· Mate ···

Acá está Mate.

Mate es el can de Pepe.

Pepe ama a Mate, el can.

Mate mete la pata.

Él le saca el pan a Cata.

Le saca la cama a ella.

Mate no le teme a Cata.

Cata le teme a Mate.

Ella sale de la casa.

La gata da pena.

Mate está en la cama de la gata.
Él se tapa de lana.

—¡No, Mate!
La cama es de Cata.

A Nana le da pena la gata.
Nana saca a Mate de la cama.

—¡Mate, sal de acá!
¡Es la cama de Cata!

Mate sale de la cama.
Cata ama a Nana.

A Maca le da pena Mate.

Maca le da a Mate la cama.

La cama del can es de tela.

La cama de Cata no es de tela.

La cama de ella es de lana.

Mate ama la cama de tela.

Él ama a Maca.

Cata está en la sala.

Ella está en el tapete.

Mate se mete en la sala.

Cata le teme a Mate.

¡La gata sale de la sala!

Cata le teme a Mate.

Ella no se mete en la sala.

La gata da pena.

··· Nana ···

Acá en la mesa está la masa.

Papá sala la masa.

La masa salada es de pan.

De tan salada, el pan sale mal.

¡Sale tan mal!

No pasa nada.

Nana saca más masa.

Nana no sala la masa.

Nana le da pan a Maca.

Le da pan con té.

Nana le da pan a Cata.

Cata está en el tapete con el pan.

Mate le saca el pan a la gata.

—¡No, Mate!

¡Sal de acá!

Cata le teme a Mate.

¡Cata no da más!

—No pasa nada, Cata.

Nana le da más pan a Cata.

A Mate no le da pan.

Papá saca la maleta de Nana.

La maleta está pesada.

Nana sale de la casa.

Sale a casa de Paca.

Pepe da pena.

Maca da pena.

—No, Maca.

No, Pepe.

Es nada más la semana.

En la casa de Paca está Nana.

Nana está de pasada.

Acá en la mesa está el té.

Nana ama el té.

Paca le da té a Nana.

El té de Paca es de canela.

Nana ama el té de canela de Paca.

Nana está tan contenta.

··· En cama ···

Acá está Mamá.

Ella está con Papá en la mesa.

Mamá le da té a Papá.

Él le pasa el pan.

Mamá ama ese pan.

Maca no está en la mesa con Mamá.

Ella está en la cama.

Maca está mal.

¿Está Cata con Maca?

Cata está con Maca en la cama.

Ella ama a Maca.

Maca está mal.

Ella está en cama.

A Papá le da pena Maca.

Papá le da a Maca té en la cama.

Él le da pan con canela.

¿Papá está con Maca?

Papá está con ella.

Maca está tan contenta.

Ella ama a Papá.

Maca está en la cama.

La capa de maga no está acá.

Maca no está contenta.

Maca sale a la sala.

En la sala está Mamá.

—¿Mamá, está acá la capa de maga?

—No, Maca, la capa no está acá.

Cata está en el tapete.

¡La capa de maga está en el tapete!

¡Acá está la capa!

Maca se mete en la cama con la capa.

··· En el lago ···

Pepe va al lago con Mate.

Pepe lava a Mate.

Mate nada.

¡Mate ama el lago!

Maca ve a Pepe en el lago.

Maca va al lago con Cata.

Cata no se mete.

Maca no lava a Cata.

Cata se lame.

La gata se lava.

La pata nada.

La pata ve a Pepe con Mate en el lago.

La pata no está contenta.

¡El lago es de ella!

Mate ve a la pata.

La pata le teme a Mate.

Mate saca a la pata del lago.

—¡Sal de acá, Mate!

Mate se va a la casa.

La pata se mete en el lago.

Ella nada contenta.

La vaca está en el lago.

Ella ve a la pata.

Nada más.

La vaca no nada en el lago.

No se lava.

Ella es tan vaga.

La vaca ve al ave.

Nada más.

¡Vaca contenta!

··· Paca ···

Acá en la casa está la maleta de Nana.
Maca ve la maleta pesada en la sala.

—¿Está Nana?

—¡Sí, acá está Nana!

—¿Está Paca?

—¡Sí, ella está acá!

Paca está de pasada con Nana.
Nana no se va.

¿Maca está contenta?
Sí, ella está contenta.

La vela está en la mesa.

Paca la ve.

Maca, la maga, tapa la vela con la tela.

Paca no ve más la vela.

Maca saca la tela de la mesa.

¿Está la vela en la tela?

No, la vela no está en la tela.

¿Está la vela en la mesa?

No, la vela no está en la mesa.

¡Está en la capa de la maga!

¡Maca es maga!

La vaca se mete en la casa.

Ella se mete en la sala.

La vaca está en el tapete.

Paca ve a la vaca en la sala.

Paca le teme a la vaca.

La vaca es tan pesada.

—¡Sal de acá, vaca, sal!

La vaca no sale de la sala.

Paca no está contenta.

¡La vaca sí está contenta!

Papá va a la sala.

Ve a la vaca.

Ella está en el tapete.

Es pesada.

Papá ve a Paca.

Ella no está contenta.

—¡Mate, ven!

Papá saca a la vaca de la casa.

La vaca se va al lago.

Paca está contenta.

La vaca no es de la casa.

··· La rana ···

Papá ve a la rata en el tapete.

¿Saca Papá a la rata?

No, él no la saca.

—¡Mamá, ven a la sala!

Mamá ve a la rata en el tapete.

—¡Papá, no es la rata, es la rana del lago!

Ella no saca a la rana de la sala.

—¡Ven acá, Mate!

Mate ve a la rana.

Él la saca de la sala.

Mamá está contenta con Mate.

La rana le teme a Mate.

Ella se va al lago.

¡La rana es del lago!

La rana ama la rama en el lago.

Ella ama la pata en el lago.

La rana no es la rata.

Ella no ama el tapete.

No ama la casa.

La rana está contenta en el lago.

Maca se para a la vera del lago.

Cata está con Maca.

La rana está en la rama.

Cata ve a la rana en la rama.

Para Cata, la rana se ve rara.

Cata le teme a la rana.

La rana le teme a Cata.

Cata le pega.

Maca la ve.

—¡No, Cata!

¡Dame la rana!

La rana está con Maca.

La rana está contenta.

Teté

La rama está en el lago.

La rana está parada en la rama.

La rana es Teté.

Pepe rema con Mate.

La rana nada.

Pepe ve a la rana.

Él mete la red en el lago.

Teté le teme a la red.

Con la red Pepe saca a la rana.

¡La rana está en la red!

Él se va con la rana a la casa.

En casa, Pepe mete la rana en la lata.

Paca ve la rana de Pepe.

—¿Esa en la lata es la rana de Pepe?

—Sí, Paca, la rana es Teté.

Pepe le da pera a la rana.

—No Pepe, la rana no ama la pera.

Pepe saca pan para la rana.

Él le da pan a Teté.

La rana no ama el pan.

Ella no ama la lata.

Teté no está contenta.

La rana nada en la lata.

Ella no está contenta.

Mamá ve la rana en la lata.

—Pepe, ¿la rana del lago está en la lata?

—Sí, Mamá.

En casa, la lata es el lago de la rana.

—No, Pepe, ¡la rana es del lago!

¿Ves? No está contenta Teté.

Mamá ve a Pepe con la rana.

En la lata, la rana nada.

A Mamá le da pena Teté.

—Pepe, ¿está contenta Teté en la lata?

—No Mamá, ella no está contenta.

—¡Pepe, al lago con Teté!

Pepe se va de la casa con la rana en la lata.

Él se va al lago.

En el lago, Pepe saca a la rana de la lata.

La rana se para a la vera del lago.

—¡Nada, Teté!

La rana ama a Pepe.

En el lago, Teté nada.

Ella ve a la pata.

Ella nada con la pata.

Teté está tan contenta.

··· La cámara ···

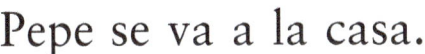

Acá en la vereda está Pepe.

Pepe ve el ave en la rama.

Pepe se va a la casa.

Se mete en la sala.

En la mesa de madera está la cámara.

Pepe ama la cámara para ver el ave.

La cámara es cara.

No es para Pepe.

—Paca, ven a ver el ave con la cámara.

Paca sale con la cámara.

Paca sale a la vereda con la cámara.

Ella ve el ave en la rama.

Paca ama ver al ave.

Con la cámara, Paca saca al ave.

Paca le da la cámara a Pepe.

—¿Ves al ave en la rama, Pepe?

¿La ves en la cámara?

¡Pepe sí ve!

Él ama la cámara.

Pepe ama a Paca.

En la casa, la cámara está en la mesa.

Pepe está en la mesa con Mate.

Mate le pega a la mesa con la pata.

¡La cámara está en el tapete!

En la cámara no se ve nada.

¿Se ve el ave en la cámara?

No, no se ve el ave.

La cámara no saca más.

—¡Mamá, no se ve más en la cámara!

¡A Mamá le da pena!

La cámara es cara.

Mamá va a ver a Papá con la cámara.

—¡Papá, en la cámara no se ve!

A Papá le da pena Mamá.
Ella ama la cámara.

—Dame acá, Mamá.

Papá le saca la tapa a la cámara.
Papá la repara.
En la cámara se ve.
¡Tan contenta está Mamá!

Mamá se va con la cámara a la sala.
En la mesa de madera de la sala está Pepe.
Mamá saca a Pepe en la cámara.
En la cámara se ve.

··· El garaje ···

Papá va con Mate al garaje.

La pala está en la caja de madera.

¡En la caja está la rata!

—¡Mate, la rata!

Mate le teme a la rata.

Él se va del garaje.

Cata se mete en el garaje.

—¡Cata, saca a la rata de la caja!

Ella jala de la pata de la rata.

Para Cata la rata no es pesada.

La gata la saca del garaje.

¡La rata sale, se va!

Mate está con Cata en el garaje.

Él le teme a la rata.

Ella la saca del garaje.

¡Mate ama a Cata!

Él no mete más la pata con Cata.

¿Le teme Cata a Mate?

No, Cata no le teme más a Mate.

Ella está contenta con Mate en el garaje.

Mate le da la pata a Cata.

Cata le da la pata a Mate.

¡Se dan la pata!

De la gaveta en el garaje, Maca saca la caja.

Es la caja de la maga.

En la caja está la galera de maga.

Maca deja la caja en la gaveta.

Pepe ve a Maca en el garaje con la galera.

Él ama la galera de maga.

—¡Maca, dame la galera!

Pepe jala la galera de Maca.

—¡No, Pepe, deja la galera!

Si se la jala, la galera se raja.

De la gaveta, Maca saca la caja de la maga.

En la caja está la galera para Pepe.

¡Pepe sale del garaje con la galera!

50

··· La caja de arena ···

Maca sale con Pepe a la vereda.

Se van al lago.

Papá está a la vera del lago.

Él repara la caja de arena.

Pepe se mete en la caja de arena con Maca.

Él cava con su pala.

Ella cava en la arena.

Mamá ve a Maca con Pepe.

Ella sale de la casa con la cámara.

Mamá saca a Pepe con Maca.

¡Tan contenta está Mamá!

Pepe está con Mate en la caja de arena.

Pepe cava con su pala.

Mate cava con su pata.

Pepe jala madera a la caja de arena.

La madera es para la casa de la rana.

La ráfaga deja la casa en la arena.

La ráfaga no le gana a Pepe.

Él cava en la arena la casa de madera.

La casa en la arena es para la rana.

Acá está Mamá.

Ella va a la caja de arena.

Mamá está con su cámara.

Con la cámara, Mamá le saca a Mate.

Él cava en la arena.

Con la cámara, Mamá le saca a Maca.

Ella cava la cama para la rana.

Con la cámara, Mamá le saca a Pepe.

Él cava para la casa de Teté.

Pasa la ráfaga de arena.

Mamá tapa la cámara.

¡Es tan cara!

··· La jefa ···

En el lago, Pepe ve a Teté, la rana.

La rana Teté ve a Pepe.

Teté no ama la lata.

No ama la casa de Pepe.

Ella ama el lago.

Pepe está en la caja de arena.

Teté va con Pepe.

Pepe deja la rana en la caja de arena.

¿Ama Teté la casa de madera?

Ella no ama la casa en la caja de arena.

Teté ama el lago.

¡La rana es la jefa del lago!

Mamá teje con la lana para Pepe.

Ella le relata a Pepe del mar.

Mamá le relata de la nave en el mar.

Ella saca más lana de la gaveta.

Cata jala de la lana.

Ella le saca la lana a Mamá.

—¡Cata, deja la lana!

La lana es para Pepe.

En su cama, Cata está con la lana.

¡Mamá le saca la lana a Cata!

¡Mamá es la jefa de la casa!

Nana saca la masa a la mesa.

Ella saca la canela.

Nana amasa la masa para pan.

Maca ve la masa para pan en la mesa.

Ella ama la masa para el pan de canela.

—Dame masa, Nana.

—Maca, deja la masa, es para el pan.

—¡Masa, masa!

—No, Maca.

Maca deja la masa para pan en la mesa.

Nana mete la masa en la nevera.

¡Nana es la jefa de la masa!

··· En la mañana ···

A la mañana, Papá va al garaje.

En el garaje está la caja con leña.

Papá saca la leña para la casa.

A la mañana, Papá saca el café.

Papá ama el café de la mañana.

Él deja el café en la mesa para Mamá.

En la sala, está Mate con Cata en el tapete.

A la mañana, Papá va a ver a la vaca.

Él va a ver a la pavada.

Papá ama la mañana en la casa.

Cada mañana, Nana amasa.

La masa es para el pan de canela.

Ella saca la pava de té.

Nana deja en la mesa el té con el pan.

A la mañana, Nana lava la pava de té.

Ella lava la mesa.

En la sala, Nana teje la capa para Mamá.

Mate está con Cata en el tapete.

Cada mañana, Nana va al lago.

Ella nada en la mañana.

Nana ama la mañana en casa.

Cada mañana, Mamá saca a Pepe de la cama.

Ella saca a Maca de la cama.

En la mañana, Mamá ama el café de Papá.

Ella ama el pan de canela de Nana.

Mamá lava la mesa con Nana.

En la sala, Mate está con Cata en el tapete.

A la mañana, Mamá nada con Nana.

Mamá ama la pata en el lago.

Mamá ama la mañana en casa.

··· Las cañas ···

Pepe va al lago con su caña.

Pepe no saca nada con la caña.

Él ve ranas, ve patas, ve aves.

Pepe no saca nada del lago.

Él ve pavas, ve vacas.

Pepe no saca nada del lago.

Pepe saca la navaja para el pan.

Él mete fetas de pan en el lago.

Pepe mete su caña.

Las patas van para el pan.

¡El pan no está más!

Pepe no saca nada con su caña.

En la casa, Maca saca la caja de peras.

Maca se va con la caja de peras al lago.

En el lago, Pepe raja las peras con la navaja.

Maca mete las peras en el lago.

Ella mete su caña.

¡Las ranas ven las peras!

Maca no saca nada con su caña.

¡Mala pata!

Pepe deja su caña.

Él mete la red en el lago.

Con la red saca ranas.

Las ranas se van al lago.

Maca con Pepe se van a la casa.

En las ramas, Pepe ve las aves.

Él ve la araña.

Ella teje la tela de arana.

Pepe le teme a la araña.

—Maca, ¿la araña es mala?

—No es mala, Pepe.

Nada más teje en la rama.

—Maca, ¿la araña te daña?

—No, Pepe, esa araña no te daña.

Esa araña no es mala.

—Maca, ¿la araña daña a las aves?

—No, Pepe, no pasa nada.

La araña no se mete con las aves.

Pepe no le teme más a la araña.

En la casa, Mamá teje en la sala.

—¡Pepe, a la cama!

—Mamá, ¿veré a las patas mañana?

—Mañana te daré pan para las patas Pepe.

¡Vas a ver a las patas!

Mañana Pepe le dará pan a las patas.

—¡Maca, a la cama!

—Mamá, ¿me das pan para las aves?

—Maca, mañana te daré pan para las aves.

Les daré las cañas.

A la mañana, Maca verá a las aves.

Les dará pan.

Se van a la cama.